Highlights

똑똑해지는

최고로
어려운

숨은그림찾기2

숨은그림찾기, 낱말 퀴즈, 미로 찾기,
영어 퍼즐, 다양한 스도쿠, 사고력 퍼즐

6개씩 찾아라

그림 장면마다 아래 물건들 중에
6개가 숨어 있어요.
한번 찾아보세요.

찾아야 할 숨은 그림
야구공(2군데)
지팡이(4군데)
그믐달(4군데)
물고기(3군데)
달걀프라이(2군데)
하트(4군데)
벙어리장갑(2군데)
머그잔(3군데)
자(3군데)
식빵(3군데)
조각 케이크(3군데)
압정(3군데)

보너스
두 장면에서는
서로 똑같은 종류의
숨은 그림을
찾을 수 있어요.
어떤 장면인가요?

Art by Jannie Ho

동그라미 퀴즈

아래 퀴즈를 풀어 정답을 영어 단어로 쓰세요. 영어 단어의 알파벳을 오른쪽 해당 번호의 빈칸에 적으면 돼요. 앞 정답의 마지막 알파벳은 다음 정답의 첫 번째 알파벳이 된답니다.

- **1.** 단 과일이나 초콜릿을 얹은 아이스크림
- **6.** '가득 찬'의 반대말
- **10.** 달걀의 노란 부분
- **13.** 고양이의 새끼
- **18.** 짧은 잠
- **20.** 치즈를 얹어 구운 납작한 파이
- **24.** 아메리카 대륙과 중국에 사는, 도마뱀과 비슷하게 생긴 커다란 육식 동물
- **32.** "___ and Shine!" 잠에서 깨어나!
- **35.** 우리가 사는 행성
- **39.** 온몸으로 피를 내뿜어 산소를 보내는 기관
- **43.** 저음을 내는 금관 악기
- **46.** 사칙 연산 중에서 곱셈, 나눗셈, 뺄셈이 아닌 것
- **53.** 5센트
- **58.** 커다란 점무늬 고양이
- **64.** 2층 버스
- **69.** 미국에서 가장 작은 주
- **79.** 룸바, 살사, 탭
- **83.** '시작'의 반대말
- **85.** 서양 타악기로, 채로 두드리는 것
- **88.** 한국에서 새 학기가 시작되는 달
- **92.** 작은 원반 모양 공인 '퍽'으로 하는 스포츠
- **97.** 일본 돈의 단위
- **99.** 나침반의 바늘이 항상 향하는 쪽
- **103.** 소라 껍데기에 몸을 숨기고 사는 게
- **107.** 음식을 씹을 때 쓰고, 매일 3번씩 닦는 것
- **112.** 사람을 만났을 때 하는 영어 인사말

뱅글뱅글
동그라미

아래 그림에서

축제 퍼레이드예요. 그림 속에 숨은 그림 19개를 찾아보세요.

양쪽 그림을 보고 다른 그림을 8군데 이상 찾아보세요.

Art by Mary Sullivan

즐거운 캠핑

아래 그림 속 물건이나 사람들의 행동, 현상 등을 잘 살펴보고 그것을
영어 단어로 발음했을 때 끝이 go[gou:고우]와 비슷하게 소리 나는 것을 찾아보세요.

Art by Jessixa Bagley

숨은 글자와 그림 찾기

아이들이 경기를 하고 있어요. 왼쪽에서는 숨은 영어 단어 8개,
오른쪽에서는 숨은 그림 8개를 찾아보세요.

찾아낸 숨은 영어 단어를 아래 빈칸에 적어 보세요.

_ _ _ _ _   _ _ _ _
_ _ _ _ _   _ _ _
_ _ _ _ _   _ _ _ _ _ _ _ _ _
_ _ _ _   _ _ _ _ _ _ _ _ _ _

날씨 미로

출발

태양과 구름을 번갈아 가며 미로를 빠져나가는 길을 찾아보세요.
왔던 길로 되돌아가거나 길이 겹치면 안 돼요.

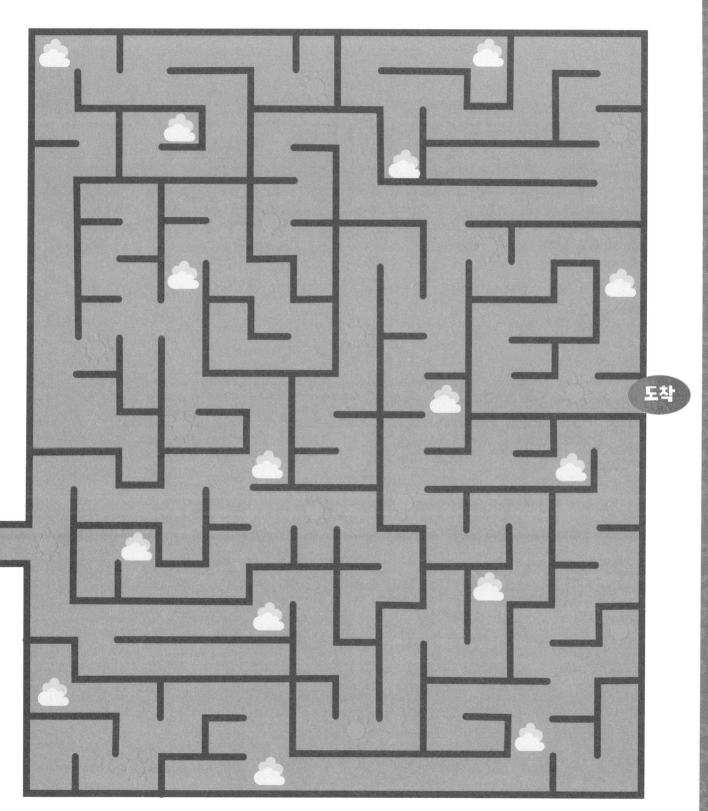

도착

몇 번 건너야 할까?

고양이 톰은 오늘 할 일을 아래 공책에 적었어요. 톰이 일을 순서대로 다 하려면
다리를 몇 번 건너야 할까요?

오늘 할 일

1. 헬스클럽 가기
2. 편지 부치기
3. 털 자르기
4. 무용 교실 가기
5. 책 사기
6. 카페에서 독서하기
7. 새 장화 사기
8. 미술관 가기
9. 아이스크림선디 사기

그림 속에
숨은 물고기가
몇 마리인지
찾아보세요.

Art by Pat Lewis

14

강아지 샤워

이 그림을 1분 동안 자세히 살펴보세요. 그런 다음 16쪽으로 가서
기억력을 테스트해 보세요.

Art by James Yamasaki

기억력 테스트

15쪽에서 본 그림을 기억해 내면서 아래 질문에 답을 해 보세요.

1 그림 속에는 사람이 몇 명 있었나요?   7   9   11

2 앞에 나온 소년이 들고 있는 건 무엇이었나요?
야구공   비누   스펀지

3 양동이 색깔은 무엇이었나요?

4 그림에 없었던 것은 무엇이었나요?
수건   자동차   호스

5 숨겨진 퍼즐 조각은 어디에 있었나요?
셔츠 위에   나무 위에   웅덩이 위에

나뭇잎의 숫자

나무의 몸통에서부터 시작해서
각 나무줄기를 따라가며
문제를 풀어 보세요.

1. 홀수가 적힌 나뭇잎들로만 이루어진
   나무줄기는 무엇인가요?

2. 나뭇잎들의 숫자를 합하면 19인
   나무줄기는 무엇인가요?

3. 나뭇잎들의 숫자를 합하면 가장 큰 수가
   나오는 나무줄기는 무엇인가요?

4. 나뭇잎들의 숫자를 합하면 가장 작은 수가
   나오는 나무줄기는 무엇인가요?

토끼 속에서 찾기

토끼로 가득 찬 그림에서 토끼가 아닌 걸 찾아보세요. 도토리를 좋아하고,
꼬리가 복슬복슬하며 땅속이나 나무에서 자는 동물이에요.

보너스
12개의 도토리,
3개의 과일 간식을
찾아보세요.

텔레비전을 보는 새들

아래 암호를 풀어 찾아야 할 숨은 그림 이름을 알아내세요.
각 암호마다 쓰여 있는 알파벳 중에서 대문자만 골라
빈칸에 순서대로 쓰면 돼요. 숨은 그림 이름을 알아내면
오른쪽 그림 속에서 숨은 그림을 찾아보세요.

암호 푸는 법
예를 들어
xoyeCsadoUsdeP의
대문자만 쓰면
CUP(컵)이랍니다.

1 **aBxdiEadmxLadL**

———————————————

2 **FaedIxxdfSoweHe**

———————————————

3 **vvaKswoljuTaahsEah**

———————————————

4 **yurTiAponxCoeKoe**

———————————————

5 **weYqwhOne-sYkaO**

————————-———————

6 **kCrtyANwsdOpiEaa**

———————————————

7 **oiRkpcUmnLwaEiopR**

———————————————

8 **SyuCwepAnjRbnwFro**

———————————————

9 **BoimAhhgNerANtyrAs**

———————————————

10 **yuBeeAoSpiEniBryiAnLpLe**

———————————————

11 **EuiNhsVicEmtLObmPxzE**

———————————————

12 **pmFIgerxSaHHnbaOyOnK**

———————————————

13 **evAyRvsTInSxTwo'Sc dBesRUxiwScxH**

———————————————

14 **pCbhREwSiuCEmvNTi uMpzOhOiuN**

———————————————

15 **SLuhInrCEn qOgFn bPxxIumZuZhA**

——————— ——————— ———————

16 **abDReolsNqtKvblNooGa**
beSaTieRobxAsnWo

——————— ———————

고양이 친구들

이곳에는 28종류의 고양이 이름이 나와요. 오른쪽 빈칸 수에
맞는 알파벳 이름을 알맞게 채워 넣으세요.

써야 할 단어들

4글자
MANX 맹크스

5글자
KORAT 코라트

6글자
BENGAL 벵골
BIRMAN 버먼
BOMBAY 봄베이
EXOTIC 이그저틱
OCICAT 오시캣
SOMALI 소말리
SPHYNX 스핑크스

7글자
CHAUSIE 쵸시
PERSIAN 페르시안
RAGDOLL 래그돌

8글자
BALINESE 발리니즈
DEVON REX 데본렉스
SIBERIAN 시베리안
SNOWSHOE 스노슈

9글자
CHARTREUX 샤르트르
MAINE COON 메인 쿤
PETERBALD 피터볼드
SINGAPURA 싱가푸라
TONKINESE 통키니즈

10글자
ABYSSINIAN 아비시니안
CORNISH REX 코니시 렉스
HIGHLANDER 하일랜더
TURKISH VAN 터키시 반

11글자
RUSSIAN BLUE 러시안 블루

12글자
SCOTTISH FOLD 스코티시 폴드

15글자
NORWEGIAN
    FOREST 노르웨이숲

20

숨은
골프티
찾기

사진 속에 숨은
25개의 골프티
(골프공을 올려놓는
받침대)를 찾아보세요.

물고기에 관한 퍼즐

물고기와 관련된 아래 영어 단어들을 오른쪽 표에서 찾아 묶으세요.
물고기는 영어로 FISH이고 오른쪽 표에서는 그림 글자 로 표시되어 있어요.
각 단어의 나머지 알파벳은 가로, 세로 혹은 대각선으로 배열되어 있어요. 알파벳은
서로 겹치기도 하고 배열이 거꾸로 되어 있기도 해요. 단어를 다 찾아 묶은 뒤에
남은 알파벳을 순서대로 쓰면 오른쪽 수수께끼의 정답을 알 수 있어요.

찾아야 할 단어

ANGELFISH 에인절피시

ARCHERFISH 아처피시

BLOWFISH 복어

BLUEFISH 블루피시

BONEFISH 여울멸

BUTTERFISH 버터피시

CATFISH 메기

CRAYFISH 가재

CUTTLEFISH 갑오징어

DOGFISH 돔발상어

FISHBOWL 어항

FISHERMAN 낚시꾼

FISH-EYE 어안의

FISHHOOK 낚싯바늘

FISHTAIL 꼬리지느러미

FLYING FISH 날치

GOLDFISH 금붕어

JELLYFISH 해파리

KINGFISH 킹피시

NOODLE FISH 오목어

PARROT FISH 비늘돔

RIBBONFISH 리본피시

SCORPION FISH 쏨뱅이

SHELLFISH 조개류

STARFISH 불가사리

SUNFISH 개복치

SWORDFISH 황새치

TRIGGERFISH 쥐치무리

ZEBRA FISH 제브라피시

```
B U T T E R 🐟 G G O L D 🐟
O L 🐟 E L T T U C L D N D
F I E P A R R O T 🐟 O I R
F A R C H E R 🐟 S I 🐟 H O
L T M H A I R C P H 🐟 L W
Y 🐟 A V B E R R O E W 🐟 S
I E N B G A O O N O T E U
N W O G Y C K O B E O U N
G N I 🐟 S T B 🐟 Y E E L 🐟
🐟 R D O G 🐟 L E G N A B R
T T B L O W 🐟 Y L L E J A
K I N G 🐟 Z E B R A 🐟 H T
S H E L L 🐟 E L D O O N S
```

금붕어는 목구멍 뒤에 무엇을 가지고 있을까요?

_ _ _ _ _ _ _ _ _ _ _ _ _ _ _ _
_ _ _ _ _ _!

초콜릿 칩은 어디에?

설명을 잘 읽고 아래 빈칸을 채워 보세요.

아래 표 안의 숫자들은 그 숫자의 주변 (위, 아래, 오른쪽, 왼쪽, 대각선)에 초콜릿 칩이 몇 개 있는지 나타내요. 초콜릿 칩이 들어갈 수 없는 빈칸에 X표를 하고, 초콜릿 칩이 들어갈 빈칸에 CC표를 하세요.

도움말:

- 숫자 있는 칸에 초콜릿 칩은 들어갈 수 없어요.
- 숫자 0과 닿아 있는 칸에 X표를 하세요.
- 초콜릿 칩이 있다고 확신하는 곳에 먼저 CC표를 하세요. 연필과 지우개를 써서 초콜릿 칩이 들어갈 자리를 이리저리 궁리해 보세요.

이 표에는 초콜릿 칩이 2개 있어요.

1			
			0
	1		
			1

이 표에는 초콜릿 칩이 10개 있어요.

1					2
		2		4	
3					1
			1		
					3
0			2		

짝 없는 바이올린 찾기

똑같이 생긴 바이올린을 둘씩 짝지은 뒤
짝이 없는 바이올린을 찾아보세요.

도전! 숨은그림찾기

외계인들이 맛있게 저녁을 먹고 있어요. 그림 속에서 숨은 그림을 찾아보세요.

붓
바나나
야구공
허리띠
양초
카누
머리빗
개밥그릇
편지 봉투
안경
손전등
미식축구공
장갑
하키스틱
자석
펼친 우산
삼각 깃발
뚫어뻥
무
반지
자
톱
조개껍데기
스케이트보드
달팽이
양말
여행 가방
테니스 라켓
칫솔
조각 레몬

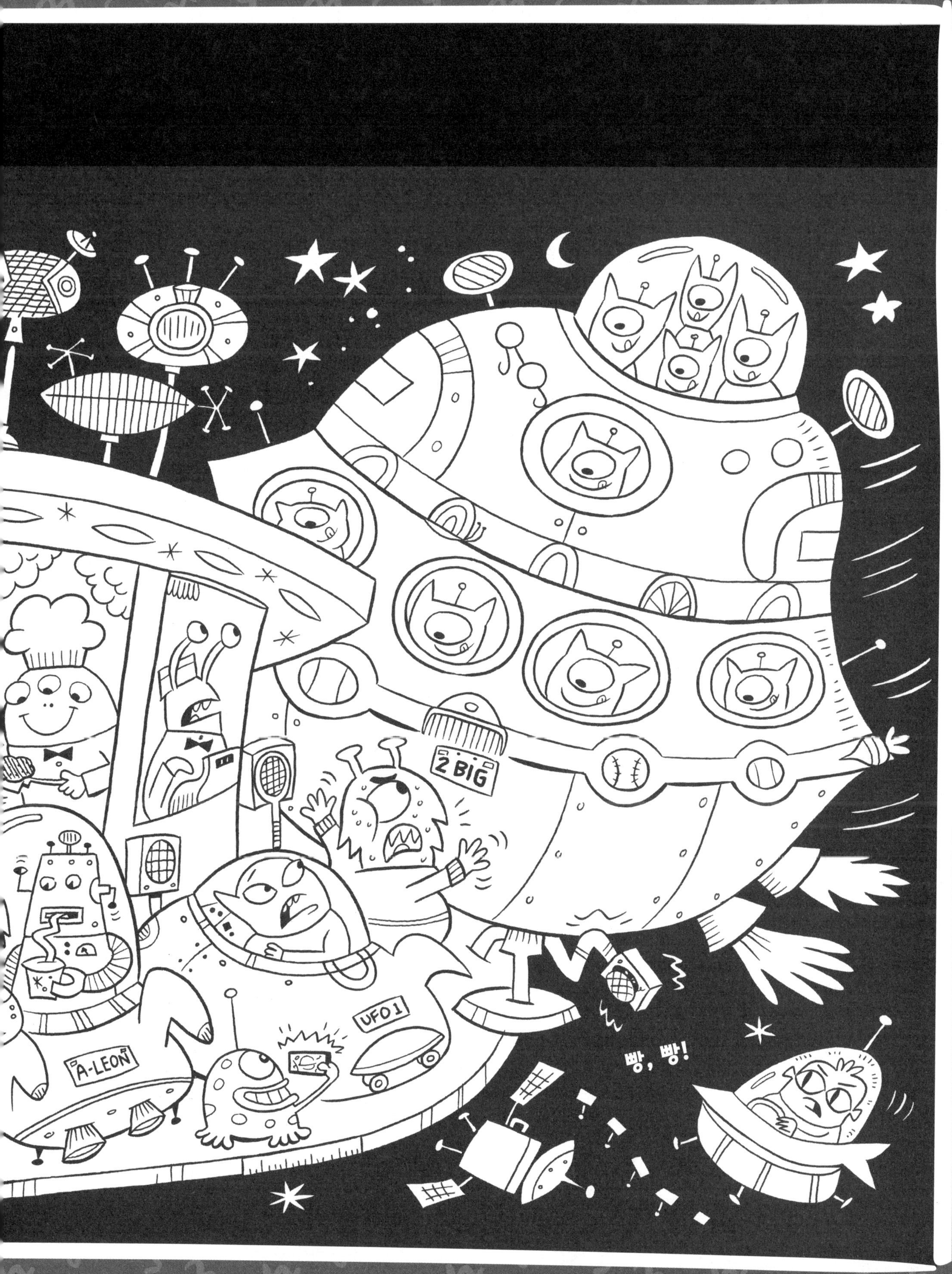

Art by Kelly Kennedy

악기와 연주

문제를 풀면서 미로를 빠져나가 보세요.

출발

뭐라고 부를까?
대규모 콘서트 밴드를 구성하는
3가지 종류의 악기는?

전자,
어쿠스틱,
보컬

목관 악기,
금관 악기,
타악기

메탈 음악
길고 구부러진 나팔 모양의
금속 튜브 악기는?

타악기   금관 악기

뭐라고 부를까?
악기를 입으로 불 때 끼우는
얇은 나무 관을 뭐라고 부를까?

리드   나뭇조각

어떤 이름일까?
이 금관 악기의 이름은?

트롬본   트럼펫

TOOT

꼭 필요한 것
리드를 사용해서 소리를 내는 악기는?

타악기   목관악기

해변의 풍경

5개의 조각 퍼즐이 각각 어디에 숨었는지 찾아보세요.

동물 기차역

그림 속에서 a부터 z까지 알파벳으로 시작되는 물건이나 동물 그림을 찾아보세요.
예를 들어 a로 시작되는 것은 apple(사과)이에요.

6개씩 찾아라

34

그림 장면마다 아래 물건들 중에
6개가 숨어 있어요.
한번 찾아보세요.

찾아야 할 숨은 그림
붓(4군데)
야구 방망이(4군데)
단추(2군데)
초승달(3군데)
머리빗(4군데)
편지 봉투(2군데)
장갑(4군데)
열쇠(2군데)
바늘(3군데)
종이비행기(3군데)
연필(2군데)
양말(3군데)

보너스
두 장면에서는
서로 똑같은 종류의
숨은 그림을
찾을 수 있어요.
어떤 장면인가요?

Art by Iryna Bodnaruk

바닷속 퀴즈

아래 퀴즈를 풀어 정답을 영어 단어로 생각해 보세요.
정답의 알파벳을 각 숫자에 맞게 오른쪽 글자 퍼즐 칸에 알맞게 쓰세요.

가로 퍼즐

1. 배의 뒷부분을 이르는 용어

4. 장난감 이름 YO___

6. 별자리 중 사자자리

9. 몸이 납작하고 바깥쪽이 껍데기인 바다 생물

11. '응급실'의 줄임말

12. (노아의) 방주

13. 키보드로 글씨를 쓰는 행위

14. 마스크, 탱크, 오리발을 가지고 하는 바다 스포츠

16. 미국 '로스엔젤레스'의 줄임말

18. '오전'을 뜻하는 말

19. 아이들이 해변에 짓는 건물

23. 해변을 이루는 것

27. 질문하다

28. 그 밖의 것을 줄여 말하는 '등등'

30. 로마 숫자로 3을 표현하면?

31. 양동이

33. 소라게가 집으로 삼는 것

35. 놀랐을 때 감탄사

37. 나무를 찍거나

패는 연장

38. 살갗을 햇볕에 그을려서 갈색으로 만드는 일

42. '(문밖에) 누구세요?'를 영어로 하면 'Who __ __?'

46. '당신은 누구세요?'를 영어로 하면 'Who ___ you?'

47. Yes의 반대말

48. 밀물과 썰물

49. 강력한 폭약

50. 의사의 줄임말

51. '좋은 점과 안 좋은 점'을 영어로 하면 'Pro and ___'

세로 퍼즐

1. 무대에서 하는 것

2. 날다

3. 바닥에 쇠붙이를 댄 구두를 신고 추는 춤

4. No의 반대말

5. 범고래

6. 과학자들이 주로 일하는 곳

7. 시대

8. '좋아'라고 수락하는 말들

10. 얼음을 더운 데 놓으면?

15. '음…'하며

주저하는 말들

17. '생강 맛 탄산음료'는 영어로 'Ginger ___'

19. 앞에 챙이 달린 모자

20. '가능한 한 빨리'의 줄임말 '_____P'

21. 긴 판을 신고 눈 위를 미끄러지는 스포츠

22. extraterrestrials (외계인들)의 줄임말

24. 아프게 하다

25. 축구에서 0점

26. '반대, 부정'을 나타내는 접두사

29. 라틴아메리카의 빠른 춤

32. Thanks a ___!

34. 비상구

36. 장갑을 끼는 부위

38. 토요일의 줄임말

39. 커피 끓이는 큰 주전자

40. 어부들이 고기잡는 데 쓰는 것

41. '나도 안 그래.'를 영어로 하면 '___ do I.'

43. '원문 그대로'라는 뜻의 라틴어

44. 결혼식장에서 신랑 신부가 하는 말

45. 양 손가락 수를 모두 합치면 몇 개일까?

1 A	2 F	3 T	■	■	4	5	■	6	7	8
9			10	■	11		■	12		
13				■	14		15			
■	■	■	16	17	■	18		■	■	■
19	20	21			22	■	23	24	25	26
27			■	28		29	■	30		
31			32	■	33		34			
■	■	■	35	36	■	37		■	■	■
38	39	40			41	■	42	43	44	45
46			■	47		■	48			
49			■	50		■	■	51		

Photo by Romolotavan/istock

공룡들의 댄스

아래 그림에서 숨은 그림 17개를 찾아보세요.

양쪽 그림을 보고 다른 그림을 10군데 이상 찾아보세요.

Art by James Loram

글자 스도쿠

스도쿠마다 알파벳이 6개씩 있어요. 6개의 알파벳들을 가로 행마다 1번씩만, 세로 열마다 1번씩만 쓰세요. 이때 굵은 선으로 나뉜 3×2짜리 사각형 안에도 6개의 알파벳이 각각 1번씩만 들어가게 써야 해요. 그 다음에 색깔 칸의 알파벳을 빈칸에 쓰면 수수께끼도 풀 수 있어요.

알파벳: A C E H S W

	W		S	A	
S		E			
H		W			
		A			
		W			S
E	S	C		H	

알파벳: B I M R T U

		U	I		M
T					
	R		T		
		T		U	
					U
M		I	R		

너트(견과류)는 재채기할 때 어떤
소리를 낼까?

정답: __ __ __ __ __ __!

토끼를 본 개구리는 뭐라고 말했을까?

정답: __ __ __ __ __ __.

가족 여행

아래 영어 문장들은 가족 여행에 무엇을 가지고 갔는지 알려 줘요. 문장 속에 교묘하게 숨겨진 영어 단어를 찾아보세요. 예를 들어 1번 문장을 참고하세요.

1. Emma planned the route.(map:지도)
2. We stopped to sketch at the bridge.
3. Two squirrels came racing along a log!
4. The whole crew ate raisins for energy.
5. We came upon chopped trees near a beaver dam.
6. Our pace had to slow at challenging, rocky parts of the trail.

Kelly Kennedy (squirrel and acorns): Luke Flowers (hiking)

어떤 가게일까?

리타, 조이, 테리, 마티는 각자 가게를 운영하고 있어요.
아래 단서와 그림을 보고 누가 어떤 가게를 하는지 알아맞혀 보세요.

단서

테리는 달콤한
간식을 팔아요.

리타의 가게는 테리의
가게 옆에 있어요.

마티는 목욕탕이나
사탕 가게를
하지 않아요.

조이는 사탕 가게나
그 옆 가게에서
일하지 않아요.

숨은 글자와 그림 찾기

동물들이 요요 대회를 준비하고 있어요. 왼쪽에서는 숨은 영어 단어 8개,
오른쪽에서는 숨은 그림 8개를 찾아보세요.

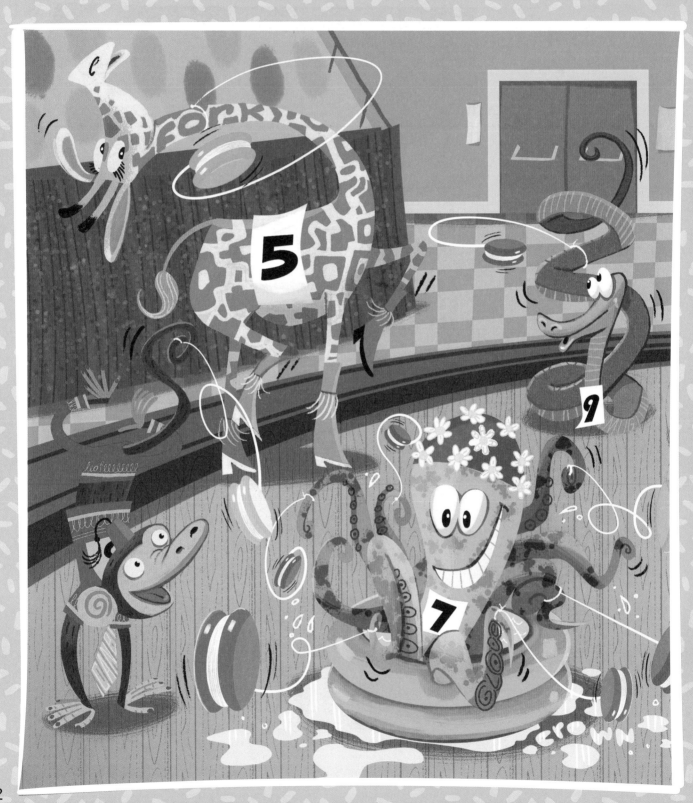

찾아낸 숨은 영어 단어를 아래 빈칸에 적어 보세요.

_ _ _ _   _ _ _ _ _ _

_ _ _ _   _ _ _ _ _

_ _ _ _ _   _ _ _ _ _

_ _ _ _ _   _ _ _

마법의 바다 미로

출발부터 도착까지 미로를 빠져나가 보세요. 그런 다음, 종, 인어, 병 속에 든 편지,
물고기, 열린 보물 상자를 찾아보세요.

Art by Matt Lyon

물건 팔아요

이 그림을 1분 동안 자세히 살펴보세요. 그런 다음
46쪽으로 가서 기억력을 테스트해 보세요.

Art by Dennis Jones

기억력 테스트

45쪽에서 본 그림을 기억해 내면서 아래 질문에 답을 해 보세요.

① 고양이는 무슨 색이었나요?
주황색　　갈색　　검은색

② 장면 속에 있던 사람은 모두 몇 명이었나요?　3　　4　　5

③ 표지판에는 뭐라고 쓰여 있었나요?
세일해요!　　환영해요!　　열었음!

④ 여자아이의 셔츠 무늬는 무엇이었나요?

⑤ 장면 속에 있던 두 악기는 무엇이었나요?
실로폰　　건반 악기　　기타

덧셈 놀이

각 그림은 1부터 9까지의 숫자를 의미해요. 트럭은 가장 큰 수를 의미하고, 오토바이는 가장 작은 수를 의미해요. 자전거는 6을 의미하지 않아요. 빈칸에 알맞은 숫자를 써서 계산식을 완성하세요.

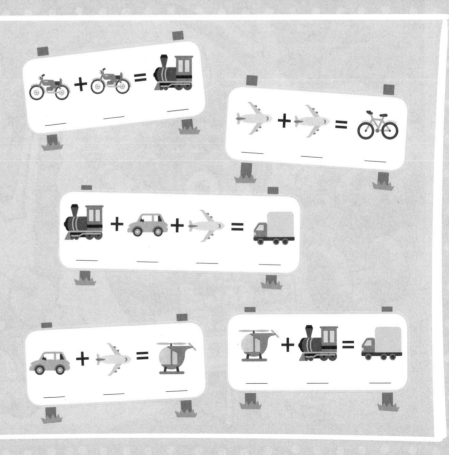

물고기 속에서 찾기

물고기로 가득 찬 그림에서 물고기가 아닌 걸 찾아보세요.
팔이 8개이고 몸 색깔을 바꿀 수 있는 생물이에요.

보너스
3마리의 바다 생물을
찾아보세요. 각각 주둥
이, 집게발, 물갈퀴를
가지고 있어요. 또한
조개껍데기 12개도
찾아보세요.

Art by Travis Foster

47

열대우림 탐험

아래 문제를 풀어 찾아야 할 숨은 그림의 알파벳을 빈칸에 쓰세요.
그림 속에서 숨은 그림을 찾은 뒤, 왼쪽의 숫자가 매겨진 칸의 알파벳을
오른쪽 아래 빈칸에 알맞게 적으면 수수께끼가 풀려요.

1 꿰매는 데 쓰는 가늘고 쇠로 된 물건

__ __ __ __ __

10

2 먹을 수 있는 고깔 과자에 담긴 찬 간식

__ __ __ __ - __ __ __ __ __ __ __ __

　　　5　　　　　　　　2

3 높거나 낮은 곳을 오르내릴 때 디딜 수 있는 기구

__ __ __ __ __ __
16　　　　11

4 지워질 수 있는 글씨를 쓰는 도구

__ __ __ __ __ __
　　8

5 물건의 길이를 재는 도구

__ __ __ __
20

6 달콤한 데다 노랗고 긴 과일

__ __ __ __
3

7 올림픽에서 자랑스럽게 흔드는 것

__ __ __ __
　　　13

8 사랑을 의미하는 도형

__ __ __ __ __
19　　　1

9 바닥을 쓸 때 쓰는 도구

__ __ __ __ __ __
　　　　17

10 바람 부는 날 날리며 노는 장난감

__ __ __ __
　　4

11 연어나 참치, 붕어를 통틀어 이르는 말

__ __ __ __
　　14

12 토마토, 치즈 등을 얹어 납작하게 구운 파이

__ __ __ __ __
　　　　9

13 수프를 떠먹을 때 쓰는 도구

__ __ __ __ __
　　　　6

14 배나무의 열매

__ __ __ __
15

15 핫초코 등을 타 먹는 컵

__ __ __ __
7　　12

16 밤하늘에서 반짝반짝 빛나는 수많은 것

__ __ __ __
　　18

그 달걀은 왜 정글로 갔을까?

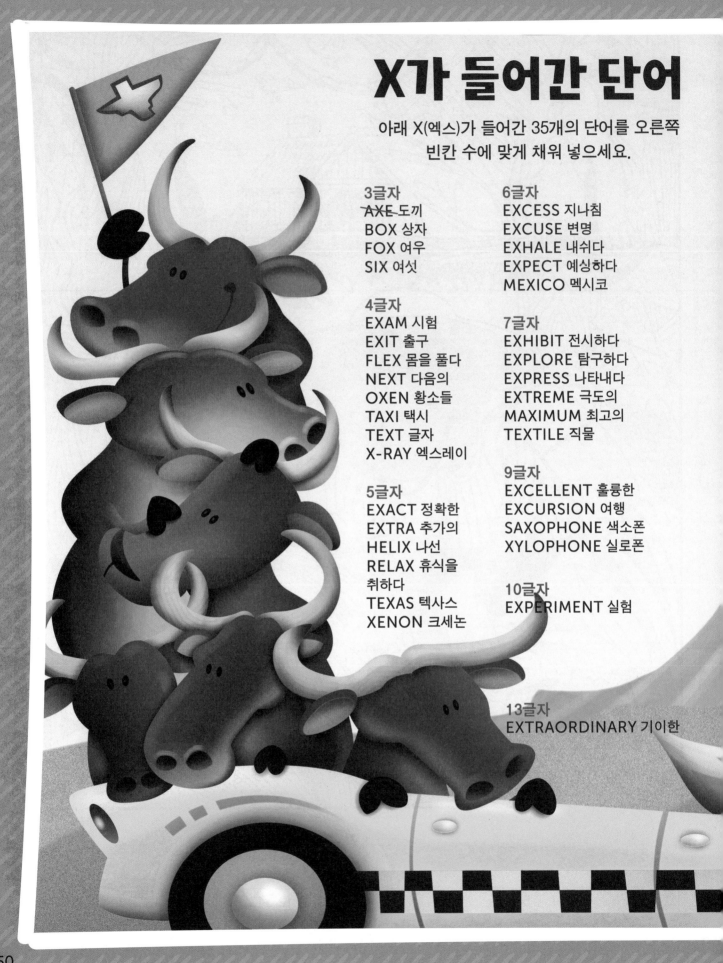

X가 들어간 단어

아래 X(엑스)가 들어간 35개의 단어를 오른쪽 빈칸 수에 맞게 채워 넣으세요.

3글자
AXE 도끼
BOX 상자
FOX 여우
SIX 여섯

4글자
EXAM 시험
EXIT 출구
FLEX 몸을 풀다
NEXT 다음의
OXEN 황소들
TAXI 택시
TEXT 글자
X-RAY 엑스레이

5글자
EXACT 정확한
EXTRA 추가의
HELIX 나선
RELAX 휴식을 취하다
TEXAS 텍사스
XENON 크세논

6글자
EXCESS 지나침
EXCUSE 변명
EXHALE 내쉬다
EXPECT 예상하다
MEXICO 멕시코

7글자
EXHIBIT 전시하다
EXPLORE 탐구하다
EXPRESS 나타내다
EXTREME 극도의
MAXIMUM 최고의
TEXTILE 직물

9글자
EXCELLENT 훌륭한
EXCURSION 여행
SAXOPHONE 색소폰
XYLOPHONE 실로폰

10글자
EXPERIMENT 실험

13글자
EXTRAORDINARY 기이한

Art by Peter Grosshauser

수영장에서

아래 그림 속 물건이나 사람들의 행동, 현상 등을
잘 살펴보고 그것을 영어 단어로 바꿨을 때 끝이
ip로 끝나는 것을 12개 찾아보세요.

숨은 편지 봉투 찾기

20개의 편지 봉투를 찾아보세요.

Photo by DEMAERRE/ISTOCK

알은 어디에?

설명을 잘 읽고 아래 빈칸을 채워 보세요.

아래 표 안의 숫자들은 그 숫자의 주변 (위, 아래, 오른쪽, 왼쪽, 대각선)에 알이 몇 개 있는지 나타내요. 알이 들어갈 수 없는 빈칸에 X표를 하고, 알이 들어갈 빈칸에 E표를 하세요.

도움말:

- 숫자 있는 칸에 알은 들어갈 수 없어요.
- 숫자 0과 닿아 있는 칸에 X표를 하세요.
- 알이 있다고 확신하는 곳에 먼저 E표를 하세요. 연필과 지우개를 써서 알이 들어갈 자리를 이리저리 궁리해 보세요.

이 표에는 알이 4개 있어요.

	1	0	
3		2	
	2		1

이 표에는 알이 10개 있어요.

		1			1
4					
		2			2
4		3			
		2		3	
2				0	

도전! 숨은그림찾기

푸드 트럭이 엄청 많아요. 힌트 없이 25개의 숨은 그림을 찾아보세요.

특별한 무당벌레

단 한 마리만 빼고 나머지는 모두 똑같이 생겼어요.
다르게 생긴 한 마리를 찾아보세요.

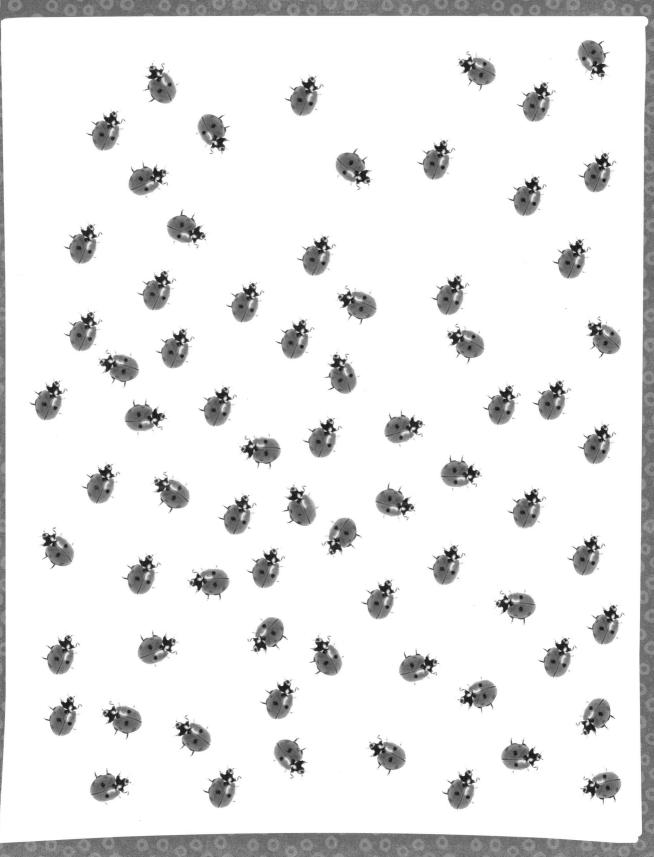

우주 미로

태양계 속 퀴즈의 정답을 따라가면 우주 미로를 통과할 수 있어요.

수성에 갈 때 꼭 가져가야 할 것은 무엇인가요?

수영복
수성은 바다로
뒤덮여 있어서.

포고 스틱
(스카이콩콩)
수성에는
분화구가 많아서.

화성에서 가장 긴 협곡에서
경주를 한다면
얼마나 달려야 할까요?

4,000킬로미터

4킬로미터

금성의 두꺼운 구름은
무엇으로 만들어졌나요?

지구의 구름과
같은 물

건전지에 든
것과 같은 황산

천왕성이 푸른색인
까닭은 무엇일까요?

공기 중에
메탄가스가
있어서.

공기 중에
엽록소가
있어서.

토성의 아름다운 고리는
무엇으로 만들어졌나요?

얼음

우주 먼지

출발

태양은 어떻게
밝은 빛을
만들어 낼까요?

수많은 태양열
전구로.

핵반응으로.

유성우란 우주의 작은 입자들이
지구의 공기에 부딪혀 타면서
비처럼 내리는 것으로
별똥별이라고도 해요.
이 입자들은 어디서 왔을까요?

혜성

달

목성에는 100년이 넘도록
지구 크기보다 큰 폭풍이
일고 있어요. 그 폭풍을
뭐라고 부를까요?

그레이트
레드스폿

오렌지자이언트

해왕성은 태양을
한 바퀴 도는 데
얼마나 걸릴까요?

365일

165년

명왕성에는
몇 개의 위성이
돌고 있을까요?

5개

없다

도착

Art by Josh Lewis

59

알록달록 잎사귀

5개의 조각 퍼즐이 각각 어디에 숨었는지 찾아보세요.

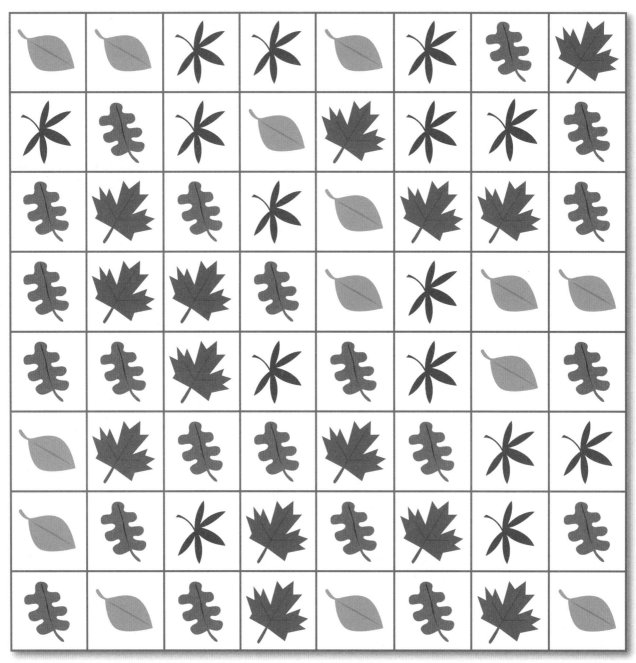

Art by Lana Krumwiede

즐거운 축제

바퀴 6개, 흔드는 손 6개, 거품 6개, 종 6개, 6개의 숫자 6,
6개의 June을 찾아보세요.

6개씩 찾아라

그림 장면마다 아래 물건들 중에 6개가
숨어 있어요. 한번 찾아보세요.

찾아야 할 숨은 그림
붓(3군데)
카누(3군데)
하트(3군데)
사다리(3군데)
막대 사탕(3군데)
벙어리장갑(3군데)
머그잔(2군데)
바늘(4군데)
연필(4군데)
밀대(4군데)
뱀(2군데)
조각 레몬(2군데)

보너스
두 장면에서는 서로 똑
같은 종류의 숨은 그림
을 찾을 수 있어요.
어떤 장면인가요?

Art by Brian Michael Weaver

생쥐들의 놀이

아래 그림에서 숨은 그림 14개를 찾아보세요.

양쪽 그림을 보고 다른 그림을 10군데 이상 찾아보세요.

Art by Nuno Alexandre Vieira

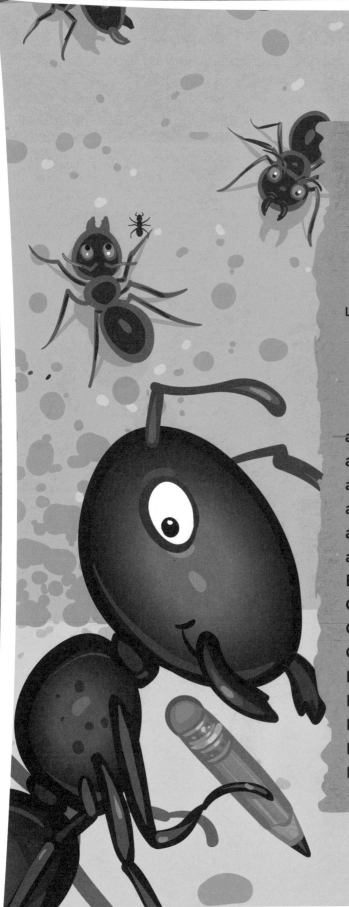

개미 퍼즐

영어 단어에 ant(개미)가 들어간 아래 영어 단어들을 오른쪽 표에서 찾아 묶으세요. 오른쪽 표에서는 ant라는 글자 대신 그림 글자 🐜로 표시되어 있어요. 각 단어의 나머지 알파벳은 가로, 세로 혹은 대각선으로 배열되어 있어요. 알파벳은 서로 겹치기도 하고 배열이 거꾸로 되어 있기도 해요.

찾아야 할 단어

antELOPE 영양
antENNA 더듬이
antIDOTE 해독제
antIQUE 골동품
antLERS 사슴뿔
antSY 안달하는
BRILLIant 훌륭한
CHant 구호
CONSTant 끊임없는
CROISSant 크루아상
DISTant 먼
EGGPLant 가지
ELEGant 우아한
ELEPHant 코끼리
FantASY 공상

FRAGRant 향기로운
GALLant 용감한
GIant 거인
HYDRant 소화전
IMMIGRant 이민자
IMPORTant 중요한
INFant 유아
INSTant 즉각적인
PAGEant 야외극
PHEASant 꿩
SERGEant 병장
SLant 기울어지다
TARantULA 타란툴라
VACant 텅 빈
Want 원하다

```
C R O I S S 🐜 S S E L E G 🐜 Z
🐜 F 🐜 A S Y L N F 🐜 Z E H T F
E L E P H 🐜 J S Z R C P S S R
L U 🐜 D D F W 🐜 G 🐜 O A P I A
O Y E P 🐜 N Z U A S Y 🐜 V D G
P M G H L I R 🐜 L Y Z I A G R
E I R E P M A R L O 🐜 L E G 🐜
  E N E A G 🐜 N G 🐜 S I L E U B
  U S S S G E N I C C E I E T M
  Q T R 🐜 E G E M O H V R D R A
  I 🐜 H T E A 🐜 M N B Y B S 🐜 S
🐜 🐜 T R O P M I S M C D O I R
🐜 I D O T E C I T Z H Y R G A
T A R 🐜 🐜 U L A X 🐜 I 🐜 H S 🐜 Q
```

숨은 글자와 그림 찾기

다 함께 핫케이크를 만들고 있어요. 왼쪽에서는 숨은 영어 단어 8개,
오른쪽에서는 숨은 그림 8개를 찾아보세요.

찾아낸 숨은 영어 단어를 아래 빈칸에 적어 보세요.

_ _ _ _ _ _ _ _   _ _ _ _ _ _ _ _

_ _ _ _   _ _ _ _ _ _ _

_ _ _ _ _ _   _ _ _ _ _ _ _ _ _ _ _ _

_ _ _ _   _ _ _ _ _ _ _ _ _

Art by Kevin Rechin

동굴 탐사

이 동굴에는 사람들이 가서 자기 이름을 새길 수 있는 벽이 있어요.
그곳까지 가는 길을 찾을 수 있나요?
여러분도 그곳에 이름을 써 보세요.

출발

Art by Shaw Nielsen

집은 어디일까?

리버가 친구에게 자기 집의 위치를 알려주려고 해요. 집을 찾을 수 있을까요?

1. 리버는 B길의 남쪽에 살아요.

2. 리버는 모서리에 살아요.

3. 리버는 C길의 북쪽에 살아요.

4. 리버네 집의 북쪽에는 파란 집이 있어요.

보너스

리버의 친구 토미는 집에 돌아가기 위해 리버의 집에서 나와 동쪽으로 집 2채를 지났어요. 그리고 북쪽으로 집 2채를 지난 뒤 서쪽에 있는 집으로 들어갔어요. 토미의 집은 무엇일까요?

Art by Shaw Nielsen

고양이 도시

이 그림을 1분 동안 자세히 살펴보세요.
그런 다음 74쪽으로 가서 기억력을 테스트해 보세요.

Art by Brian Michael Weaver

기억력 테스트

73쪽에서 본 그림을 기억해 내면서 아래 질문에 답을 해 보세요.

1 택시에 탄 고양이는 몇 마리였나요?   2   3   1

2 식당에서 웨이터는 어떤 음식을 나르고 있었나요?
치킨   생선   아이스크림

3 버스 운전사의 모자 색은 무엇이었나요?

4 운전사 빼고 버스에 탄 개는 모두 몇 마리였나요?   7   8   9

5 숨겨진 퍼즐 조각은 어디에 있었나요?
버스 위에   고양이 위에   길 위에

나무늘보 세상

나무늘보 수잔은 기타 연주를 보고 싶어 하고, 버트는 튜브 투어를 가고 싶어 하고 도라는 밧줄을 타고 싶어 해요. 이 세 개의 활동은 지금 모두 동시에 시작됐어요. 아래 표지판을 보고 지금은 몇 시인지 알아맞혀 보세요.

기타 연주
낮 12시부터
밤 9시까지
3시간마다
공연해요.

튜브 투어
낮 12시부터
밤 9시까지
1시간 30분마다
시작해요

밧줄 타기
오후 2시부터
오후 8시까지
2시간마다
시작해요.

콘서트장에서 찾아라

비치볼, 핫도그, 줄무늬 모자, 4쌍의 쌍둥이들, 배낭, 빨간 깃발, 아이스크림콘,
초록 티셔츠, 야구모자 3개, 수박, 분홍 의자를 찾아보세요.

Art by Dave Whamond

풍요로운 가을

아래 암호를 풀어 나온 물건 17개를 오른쪽 그림 속에서 찾아보세요.

암호 푸는 법

알파벳 순서를 잘 생각해 보면서 쓰여져 있는 알파벳 바로 뒤 알파벳을 빈칸에 써 보세요. 예를 들어 CNF의 뒤 알파벳들을 순서대로 쓰면 DOG이에요. Z의 뒤 알파벳은 A랍니다.

1 V Q D M B G
WRENCH

2 A D D K

3 A N N L D Q Z M F

4 Q T K D Q

5 V D C F D N E
N Q Z M F D

6 D M U D K N O D

7 R K H B D N E
O H Y Y Z

8 C N L H M N

9 T L A Q D K K Z

10 O D M B H K

11 L T F

12 R Z V

13 G N Q R D R G N D

14 G D Z Q S

15 R Z H K A N Z S

16 R T M F K Z R R F R

17 C Q T L R S H B J

댄스파티

이 파티에서는 31가지의 댄스를 춰요.
오른쪽 빈칸 수에 맞는 알파벳 이름을 알맞게 채워 넣으세요.

3글자
TAP 탭

4글자
CLOG 클로그
JIVE 자이브
LINE 라인
REEL 릴

5글자
BELLY 벨리
BREAK 브레이크
CONGA 콩가
DISCO 디스코
POLKA 폴카
RUMBA 룸바
SAMBA 삼바
SWING 스윙
TANGO 탱고
TWIST 트위스트
WALTZ 왈츠

6글자
BALLET 발레
BOLERO 볼레로
CONTRA 콘트라
HIP-HOP 힙합
MINUET 미뉴에트
SQUARE 스퀘어

7글자
FOXTROT 폭스트롯
TWO-STEP 투스텝

8글자
FANDANGO 판당고
FLAMENCO 플라멩코
IRISH JIG 아이리스 지그

9글자
CHA CHA CHA 차차차

10글자
CHARLESTON 찰스턴
MODERN JAZZ 모던 재즈
TARANTELLA 타란텔라

숨은 볼링핀 찾기

나무의 세포를 찍은 현미경 사진에서 볼링핀 26개를 찾아보세요.

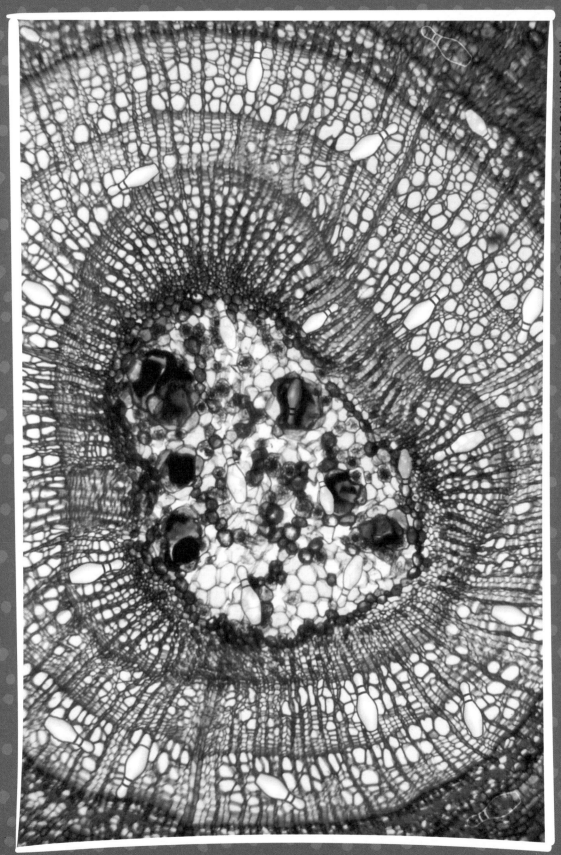

Art by Bill Golliher; Photos by BEHOLDINGEYE/ISTOCK,RASSLAVA/ISTOCK (BOWLING PIN), GLOBALSTOCK/ISTOCK (BOWLING PIN)

글자 스도쿠

스도쿠마다 알파벳이 6개씩 있어요. 6개의 알파벳들을 가로 행마다 1번씩만, 세로 열마다 1번씩만 쓰세요. 이때 굵은 선으로 나뉜 3×2짜리 사각형 안에도 6개의 알파벳이 각각 1번씩만 들어가게 써야 해요. 그 다음에 색깔 칸의 알파벳을 빈칸에 쓰면 수수께끼도 풀 수 있어요.

알파벳: D E N O S Z

Z		N		E	
N		S			D
E	S				D
	N			S	Z
S		O			E
	E	N		O	

알파벳 6개에서 알파벳 1개를 빼면 12가 남는 단어는?

정답: _ _ _ _ _ _ .

알파벳: C D E O R T

		E	D	C	
T	D			E	
R					C
T	R	E			

재채기, 기침할 때 청진기로 숨소리를 들어 주는 사람은?

정답: _ _ _ _ _ _ .

재미난 퀴즈

숫자가 매겨진 문장과 관련 있는 알파벳을 빈칸에 쓰고 영어를 읽으며 운율의 재미를 느껴 보세요.

1. Tool from Paris 파리에서 온 연장 _____
2. A do-nothing flower 아무것도 안 하는 꽃 _____
3. Chocolate at the beach 해변의 초콜릿 _____
4. High-altitude geyser 높은 곳의 간헐 온천 _____
5. Spilled OJ 흘린 오렌지 주스 _____
6. Athlete's footwear 운동선수가 신는 것 _____
7. Jam store 잼 가게 _____
8. Seasick royalty 멀미하는 왕족 _____
9. Alarm clock 알람시계 _____
10. Dirty friend 더러운 친구 _____
11. Bird's baseball mitt 새의 야구 장갑 _____
12. A tiny lollipop 작은 막대 사탕 _____

A. Jelly deli 젤리 잼
B. Mountain fountain 산에 있는 분수
C. Muddy buddy 진흙투성이 친구
D. Lazy daisy 게으른 데이지
E. Green queen 초록색 여왕
F. Morning warning 아침의 경고
G. Dove glove 비둘기 장갑
H. French wrench 프랑스식 렌치
I. Loose juice 느슨한 주스
J. Quick lick 빠르게 핥기
K. Sandy candy 모래 묻은 사탕
L. Jock sock 운동광 양말

여러 가지 날씨

출발

번개 치는 날
번개가 칠 때 나무 아래에
서 있어도 될까?

네. 번개는 나무를
무서워하니까.

아니오. 번개가 나무를
불태울 수 있어서
위험하다.

아주 추운 곳
가장 기온이 낮은 미국의 주는?

알래스카   몬태나

엄청난 회오리
토네이도를 만나면 어떻게 할까?

예의 바르게 다른
곳으로 가라고 한다.

가장 아래층의 창문이 없는
작은 방이나 지하실 등의
땅 밑으로 피한다.

뜨거운 태양
사막에는 비가 전혀 안 올까?

안 온다.
사막이니까.

온다. 다른 곳보다
비가 적게 올
뿐이다.

구름은 뭘까?
희고 솜털 같은 구름인 권운은
뭘로 만들어졌을까?

면   얼음 결정

아래 퀴즈를 풀면서 미로를 빠져나가 보세요.

무지개 찾기
비가 오는데 햇빛이 비치는 날,
어느 쪽을 봐야
무지개를 볼 수 있나요?

금단지 방향   해의 반대 방향

비와 눈
1인치의 비는 몇
인치의 눈과 같은
양의 물을 가질까?

약 10인치   약 0.5인치

어떤 나라일까?
토네이도가 가장 많은 나라는?

미국   중국

어떤 구름일까?
'쌓다'라는 뜻의 적운은 어떤 모양일까?

솜사탕처럼   팬케이크 모양의
부푼 하얀 구름   회색 구름

우르릉 쾅쾅!
번개와 천둥 중
무엇이 먼저 오나요?

번개   천둥

도착

피클은 어디에?

아래 표 안의 숫자들은 그 숫자의 주변 (위, 아래, 오른쪽, 왼쪽, 대각선)에 피클이 몇 개 있는지 나타내요. 피클이 들어갈 수 없는 빈칸에 X표를 하고, 피클이 들어갈 빈칸에 P표를 하세요.

도움말:

• 숫자 있는 칸에 피클은 들어갈 수 없어요.
• 숫자 0과 닿아 있는 칸에 X표를 하세요.
• 피클이 있다고 확신하는 곳에 먼저 P표를 하세요. 연필과 지우개를 써서 피클이 들어갈 자리를 이리저리 궁리해 보세요.

이 표에는 피클이 4개 있어요.

1	2	1	
2	4	2	

이 표에는 피클이 10개 있어요.

0				4	1
	1				2
			1		
	2				
2				2	3

Photos by Suzifoo/iStock

같은 물건 찾기

위와 아래 그림을 비교해서 똑같은 모양이나 물건을 15개 이상 찾아보세요.

Art by Kelly Kennedy

도전! 숨은 그림찾기

곤충들이 대학에서
공부하고 있어요.
힌트 없이 25개의
숨은 그림을 찾아보세요.

보너스
벌새 3마리도
찾아보세요.

정답

2-3쪽

4-5쪽

1.SUNDAE 아이스크림선디	64.DECKER 2중
6.EMPTY 비어 있는	69.RHODE ISLAND
10.YOLK 노른자	로드아일랜드
13.KITTEN 새끼 고양이	79.DANCE 춤
18.NAP 낮잠	83.END 끝
20.PIZZA 피자	85.DRUM 북
24.ALLIGATOR 악어	88.MARCH 3월
32.RISE 오르다	92.HOCKEY 하키
35.EARTH 지구	97.YEN 엔
39.HEART 심장	99.NORTH 북쪽
43.TUBA 튜바	103.HERMIT 소라게
46.ADDITION 덧셈	107.TEETH 이빨
53.NICKEL 니켈, 5센트	112.HELLO 안녕
58.LEOPARD 표범	

6-7쪽

8-9쪽

Arrow[ǽrou]화살, Blow[blou]불다,
Bow [bou]활, Crow[krou]까마귀, Doe[dou]암사슴,
Elbow[elbou]팔꿈치,
Marshmallow[mɑ́ːrʃmelou]마시멜로,
Moe[mou]남자 이름, Row[rou]노를 젓다,
Sew[sou]바느질하다, Show[ʃou]쇼,
Throw[θrou]던지다, Tow[tou]끌다,
Yo-yo[jóujou]요요, No[nou]아니다,
Pillow[pɪlou]베개, Snow[snou]눈,
Toe[tou]발가락, Window[wɪndou]창문

10-11쪽

88

12–13쪽

14쪽

톰은 다리를 6번 건너요.

15–16쪽

위

1. 9명
2. 스펀지
3. 오렌지색
4. 수건
5. 웅덩이 위에

아래

1. 파란 줄
2. 빨간 줄
3. 노란 줄
4. 초록 줄

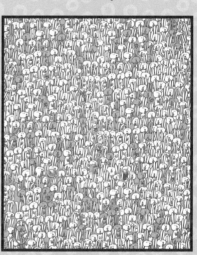

17쪽

18–19쪽

1. BELL 종
2. FISH 물고기
3. KITE 연
4. TACK 압정
5. YO-YO 요요
6. CANOE 카누
7. RULER 자
8. SCARF 목도리
9. BANANA 바나나
10. BASEBALL 야구공
11. ENVELOPE 편지 봉투
12. FISHHOOK 낚싯바늘
13. ARTIST'S BRUSH 붓
14. CRESCENT MOON 그믐달
15. SLICE OF PIZZA 조각 피자
16. DRINKING STRAW 빨대

20–21쪽

22–23쪽

24–25쪽

금붕어는 목구멍 뒤에
무엇을 가지고 있을까요?
GOLDFISH HAVE TWO TEETH!
금붕어는 이빨 두 개를 가지고 있다.
실제로 금붕어 목구멍 뒤 깊숙한 곳에
이빨 두 개가 있다고 해요.

26쪽

1	CC	X	X
X	X	X	0
X	1	X	X
X	X	CC	1

1	X	X	CC	CC	2
CC	X	2	CC	4	CC
3	X	X	X	X	1
CC	CC	X	1	X	
X	X	X	X	CC	3
0	X	X	2	CC	CC

27쪽

28–29쪽

30–31쪽

32쪽

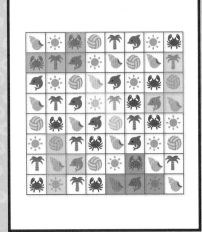

apple(사과), bear(곰), cat(고양이), dog(개), elephant(코끼리), fox(여우), giraffe(기린), hedgehog(고슴도치), iguana(이구아나), jellyfish(해파리), kangaroo(캥거루), lion(사자), monkey(원숭이), nest(둥지), ostrich(타조), peacock(공작), quail(메추라기), rhinoceros(코뿔소), squirrel(다람쥐), ticket(티켓), unicorn(유니콘), vulture(독수리), wheel(바퀴), xylophone(실로폰), yarn(털실), zebra(얼룩말)
또 다른 것들도 찾아보세요.

34-35쪽

36-37쪽

38-39쪽

40쪽

위

너트(견과류)는 재채기할 때 어떤 소리를 낼까?
"CASHEW!" 캐슈!
CASHEW NUT(캐슈너트)과 발음을 비슷하게 만든 수수께끼예요.

토끼를 본 개구리는 뭐라고 말했을까?
"RIBBIT" 개굴개굴
개구리가 우는 소리(RIBBIT)와 토끼(RABBIT)의 철자가 비슷해서 생긴 수수께끼예요.

아래

1. Emma planned the route.
엠마가 여행 계획을 짰어요. (map:지도)
2. We stopped to sketch at the bridge.
우리는 다리에서 스케치하기 위해 멈췄어요. (hat:모자)
3. Two squirrels came racing along a log!
다람쥐 두 마리가 통나무를 따라 경주하며 왔어요. (camera:사진기)
4. The whole crew ate raisins for energy.
모든 구성원이 힘을 내기 위해 건포도를 먹었어요. (water:물)
5. We came upon chopped trees near a beaver dam.
우리는 비버 댐 가까이에서 잘린 나무들을 발견했어요. (poncho:판초)
6. Our pace had to slow at challenging, rocky parts of the trail.
우리의 걸음은 험난하고 바위가 많은 곳에서 느려져야 했어요. (watch:손목시계)

41쪽

리타 - 목욕탕
테리 - 사탕 가게
마티 - 보석 가게
조이 - 애완동물 가게

42-43쪽

44쪽

45-46쪽

위

1. 주황색
2. 5명
3. 세일해요!
4. 별무늬
5. 실로폰, 건반 악기

아래

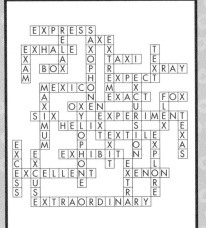

47쪽

48-49쪽

1. NEEDLE 바늘
2. ICE-CREAM CONE 아이스크림콘
3. LADDER 사다리
4. PENCIL 연필
5. RULER 자
6. BANANA 바나나
7. FLAG 깃발
8. HEART 하트
9. BROOM 빗자루
10. KITE 연
11. FISH 물고기
12. PIZZA 피자
13. SPOON 숟가락
14. PEAR 서양배
15. MUG 머그잔
16. STAR 별

그 달걀은 왜 정글로 갔을까?
TO BECOME AN EGG-SPLORER.
EXPLORER(탐험가)와 발음을 비슷하게
만든 수수께끼예요.

50-51쪽

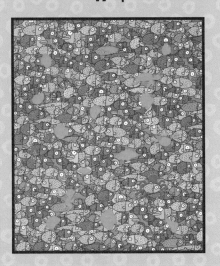

52-53쪽

1. Clip 깎다
2. Drip 방울방울 떨어지다
3. Flip 공중제비
4. Grip 꽉 잡다
5. Hip 엉덩이
6. Rip 찢다
7. Sip 홀짝이다
8. Ship 배
9. Skip 깡충깡충 뛰다
10. Snip 싹둑 자르다
11. Tip 기울어지다
12. Trip 발을 헛디디다

54쪽

55쪽

X	1	0	X
E	X	X	X
3	E	2	E
E	2	X	1

E	E	1	X	E	1
4	X	X	X	X	X
E	E	2	X	X	2
4	X	3	E	E	E
E	E	2	X	3	X
2	X	X	X	O	X

56쪽

57쪽

58–59쪽

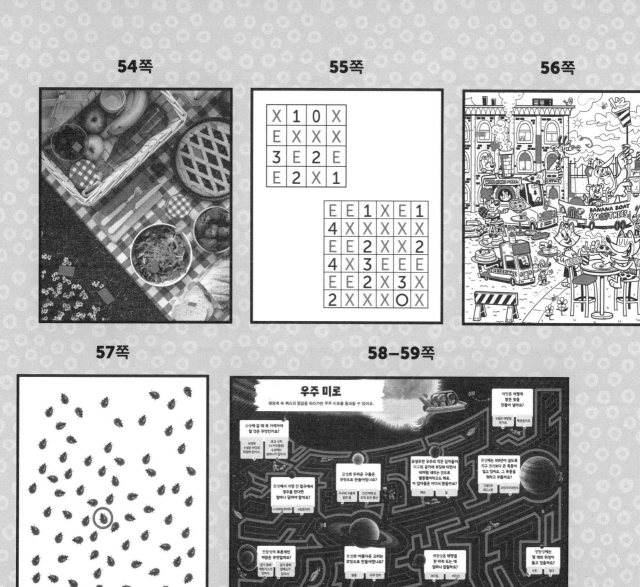

60쪽

61쪽

62–63쪽

64–65쪽

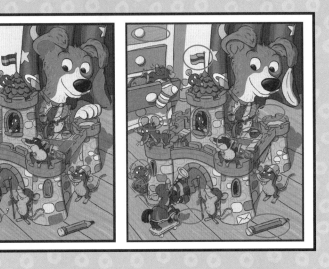

66–67쪽

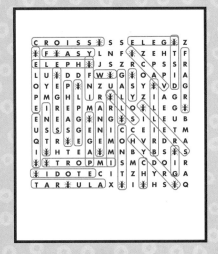

68–69쪽

70–71쪽

72쪽

73–74쪽

위

1. 1마리
2. 생선
3. 파란색
4. 9마리
5. 버스 위에

아래

오후 6시

75쪽

76–77쪽

1. WRENCH 렌치
2. BELL 종
3. BOOMERANGE 부메랑
4. RULER 자
5. WEDGE OF ORANGE 조각 오렌지
6. ENVELOPE 편지 봉투
7. SLICE OF PIZZA 조각 피자
8. DOMINO 도미노
9. UMBRELLA 우산
10. PENCIL 연필
11. MUG 머그잔
12. SAW 톱
13. HORSESHOE 말편자
14. HEART 하트
15. SAILBOAT 돛단배
16. SUNGLASSES 선글라스
17. DRUMSTICK 북채

78–79쪽

80쪽

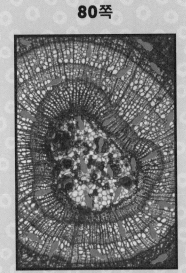

81쪽

위

정답: DOZENS.
'다스'들

정답: DOCTOR.
의사

아래

1. H   7. A
2. D   8. E
3. K   9. ㅏ
4. B   10. C
5. I   11. G
6. L   12. J

82-83쪽

84쪽

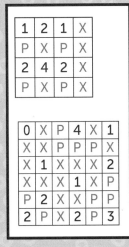

85쪽

86-87쪽